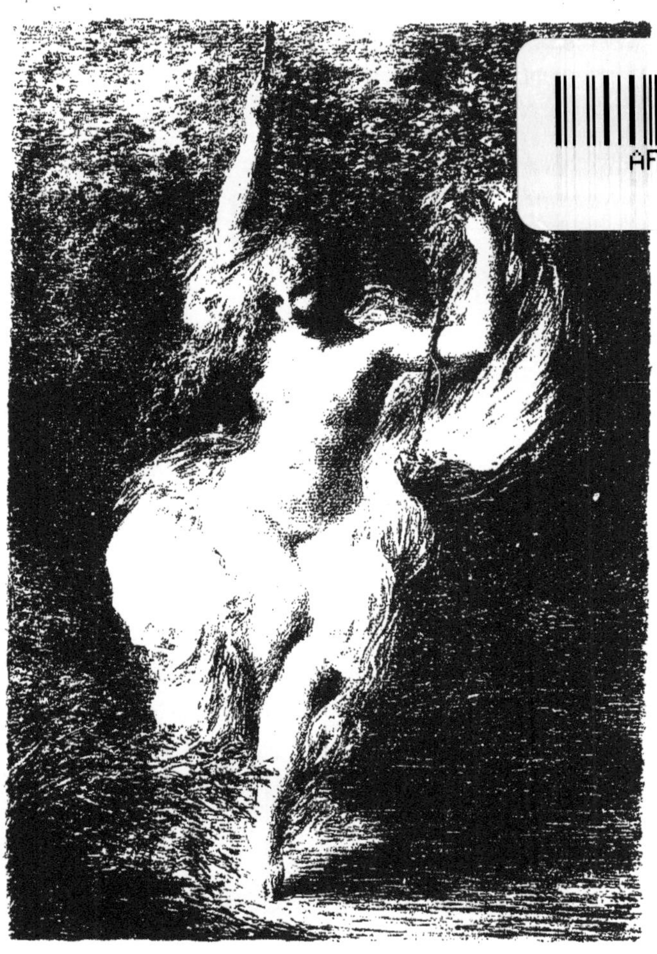

Nº 82 du Catalogue.

ESTAMPES ET DESSINS
MODERNES

Mᵉ ANDRÉ DESVOUGES   M. LOYS DELTEIL

IMPRIMERIE

FRAZIER-SOYE

153-155-157, Rue Montmartre

PARIS

CATALOGUE

DES

ESTAMPES

ET

DESSINS

MODERNES

Dont la vente aura lieu

à Paris, HOTEL DROUOT, Salle N° 9

Le Mardi 20 Avril 1909

à 2 heures précises

Par le Ministère de M⁰ ANDRÉ DESVOUGES

COMMISSAIRE-PRISEUR

26, Rue de la Grange-Batelière

Assisté de M. LOYS DELTEIL, Artiste-Graveur, Expert

2, Rue des Beaux-Arts

CONDITIONS DE LA VENTE

Elle sera faite au comptant.

Les adjudicataires paieront *dix pour cent* en sus des enchères.

M. Loys Delteil remplira les commissions que voudront bien lui confier les amateurs ne pouvant y assister.

MM. les amateurs pourront visiter la collection, 2, *rue des Beaux-Arts*, du Jeudi 15 au Samedi 17 Avril, de 2 heures à 5 heures.

DÉSIGNATION

BÉJOT (Eugène)

1. Palais d'Orsay — Chambre des Députés. Deux pièces. Très belle épreuves, *signées*.

2. Quai du Louvre, 1892. Très belle épreuve, *signée*.

3. Le Pont Solférino, 1892 — Montmartre, 1897. Deux pièces. Très belles épreuves, *signées*.

4. Les Tombereaux, 1901 — Le Ponton, 1904. Deux pièces. Très belles épreuves, *signées*.

5. Le Pont Neuf, 1896 — La Ste Chapelle, 1898 — La Corde, 1902. Trois pièces. Très belles épreuves, *signées*.

6. Pont de l'Estacade — Quai d'Orléans. Deux pièces, *encadrées*.

7. St Cloud — Bellevue. Deux pièces. Très belles épreuves, *signées*.

8. Ponts de Londres. Trois pièces. Très belles épr., *signées*.

BERTON (Armand)

9. Femme couchée — Femme debout. Deux pièces. Très belles épreuves, *signées* et *numérotées*.

BESNARD (P. A.)

10. Quatre Têtes de Femmes. Très belle épreuve, *signée* et *numérotée*.

BOILVIN (Emile)

11. Sujets divers et Paysages, 10 pl., d'apr. Rubens, Boucher, Fragonard, Boilly, etc. Belles épreuves, *avant la lettre*.

BONNARD (P.) — VUILLARD (E.)

12. Le Verger — Dans le Jardin, 4 épreuves. Ensemble cinq pièces, *imp. en couleurs, signées*.

BRACQUEMOND (Félix)

13. Le Haut d'un battant de porte (110). Très belle épreuve, *avec la date de 1852*, la lettre en marge non encrée. Encadrée.

14. Le Songe d'un habitant du Mogol (796). Très belle épreuve sur japon, *signée*. Encadrée.

15. La Tête et la Queue du Serpent (800). Très belle épreuve sur japon, *signée*. Encadrée.

BRANGWYN (Frank)

16. La Joueuse de Flûte. Très belle épreuve, *imp. en couleurs, signée*.

BRESDIN (Rodolphe)

17. St Georges? 1866. Très belle épreuve sur chine. Fort rare.

18. Le Combat. Très belle épreuve sur chine. Très rare.

19. Ruisseau sous bois — Rivière ombreuse. Deux pièces. Très belles épreuves sur chine.

20. Demeure du Moyen-Age. Très belle épreuve sur chine.

21. Repos en Egypte, petite pl. en largeur, 1858 — L'Homme en méditation. 1837. Deux petites pièces très rares. Très belles épreuves.

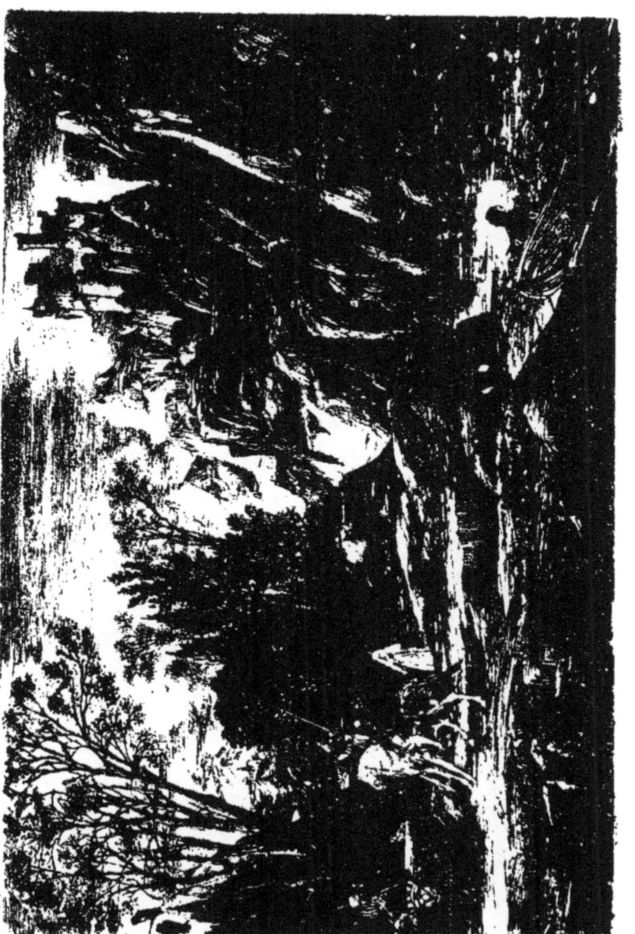

N° 17 du Catalogue

22. Repos en Egypte. Très belle épreuve sur chine.

23. Intérieur Flamand — Intérieur. Deux pièces. Très belles épreuves sur chine.

24. Paysages montagneux. Deux pièces. Très belles épreuves sur chine.

25. Un Intérieur, 1866, rare — Chaumières (Revue Fantaisiste). Deux pièces. Très belles épreuves sur chine.

26. Intérieur Flamand. Très belle épreuve sur chine. Rare.

27. Le Ruisseau dans les rochers. Très belle épreuve sur chine.

28. Mon Rêve! Très belle épreuve, *avant la lettre*. — Les Pêcheurs. Deux pièces.

29. Les Maisons au bord de l'eau. Deux eaux-fortes rares. Belles épreuves sur chine.

30. Les Chasseurs et la Mort — Les Baigneuses. Deux pièces. Très belles épreuves.

31. Paysages, 1861. Deux pièces (Revue Fantaisiste). Très belles épreuves sur chine.

32. Repos en Egypte — Projet de Frontispice. Deux pièces. Très belles épreuves.

33. César et ses Légions — La Comédie de la Mort. Deux pièces. Très belles épreuves sur chine.

BUHOT (Félix)

34. Ma Petite Ville (27). Très belle épreuve, timbrée.

35. Un Grain (122). Superbe épreuve, avec les croquis, timbrée.

36. Les grandes Chaumières (150). Très belle épreuve, chargée de barbes (marges salies).

BUHOT — ROPS — BRACQUEMOND, etc.

37. Japonisme, Sujets divers et Portraits, **22** pl. Belles
épreuves.

CANALS (R.) — DELCOURT (M.)

38. Bal populaire (Espagne) — L'Essai du Chapeau.
Deux pièces. Très belles épreuves sur japon.
numérotées.

CARICATURES

39. Caricatures politiques, extraits de la *Caricature*
(1833-1835) 166 pl., dont un certain nombre de
pl. doubles, par Traviès, Grandville, B. Rou-
baud, A. Bouquet, etc., et texte. Belles épreuves.
en partie *coloriées.*

CARO-DELVAILLE (H.)

40. Les Estampes. Belle épreuve. *signée, rehaussée.*

CARRIÈRE (Eugène)

41. Le Baiser maternel. Très belle épreuve. *signée.*

CASSATT (Mary)

42. Femme et Fillette (L'Estampe nouvelle). Très belle
épreuve. *signée* et *numérotée.*

CÉZANNE

43. Sujets divers, Paysages. Natures mortes. Treize
photographies.

CHAHINE (Edgar)

44. Le Chateau-Rouge. Très belle épreuve, *signée* et
numérotée.

— 8 —

CHÉRET (J.)

45. Petites affiches : Quinquinna Dubonnet — Palais
de Glace — Taverne Olympia — Pipermint —
Vin Mariani, etc. Quatorze affiches.

COROT (J. B. C.)

46. Souvenir de Toscane (A. R. 1). Très belle épreuve,
avant la lettre.

DAUMIER (Honoré)

47. PORTRAITS EN PIED DE LA CARICATURE. Série complète
des 18 planches. Belles épreuves (quelques
piqûres).

48. JUGES DES ACCUSÉS D'AVRIL. Série complète de 7 pl.
et 3 grandes pl. triples. Belles épreuves (quelques piqûres).

49. Cortège du Commandant Général des Apothi-
caires. (256). Belle épreuve, *coloriée*.

50. Primo saignare... (260). Très belle épreuve, *coloriée*.

51. M⸍⸍ Etienne Joconde... de Constitutionnel (263).
Très belle épreuve.

52. Gros Cupida, va ! (266) — Voyage à travers les
populations empressées (267). Deux pièces. Belles
épreuves.

53. Le Repos de la France (269) — Et pourtant elle
marche (278). Deux pièces. Très belles épreuves.

54. Celui-là, on peut le mettre en liberté... (270) —
Baissez le rideau, la farce est jouée (271). Deux
pièces. Belles épreuves.

55. Un rentier des bons royaux Un rentier des
Cortès (272) — Le Carcan (290). Deux pièces.
Belles épreuves.

56. C'était vraiment bien la peine de nous faire tuer
(305). Belle épreu .

57. Le Fantôme (300). Belle épreuve. Rare.

58. Vous avez la parole, expliquez-vous (301) —
Départ pour l'Espagne (302). Deux pièces. Belles
épreuves.

59. Ah ! tu veux te frotter à la presse (259) — Yeux
noirs... (264) — Récompense honnête... (265) —
Où allons-nous... (274) — La tête branlante (275)
— Le Moulin du Télégraphe (276). Six pièces.
Belles épreuves.

60. Très bien ! très bien !... (279) — Nous sommes tous
d'honnêtes gens... (280) — Les Mannequins politiques (281) — Petits ! petits !... (282) — Un
grand mortier... (283) — Le Triomphateur (284).
Six pièces. Belles épreuves.

61. Marie-Louise... Pairie... (285) — La Tentation
(286), 1ᵉʳ état — Le Maréchal Mortier la veille de
la bataille de Waterloo (289) — Voilà la guerre !...
(291) — Pour un pauvre Américain (292) — Mal-
brough s'en va-t-en guerre (293). Six pièces.
Belles épreuves.

62. Caricatures politiques. 18 pl. de la *Caricature*.
Belles épreuves (2 coloriées).

63. Caricatures diverses. Cent-dix pl. par Daumier
(27 pl.), Cham, etc.. la plupart *coloriées*.

DEGAS (Edgar)

64. Danseuse à mi-corps (Fac-simile A. Clot). Très
belle épreuve, *imp. en couleurs*.

65. *15 Lithographies d'après Degas, par G. W.
Thornley* (manque 1 pl.). soit 14 pièces dans le
cart. de publ. tirées en divers tons.

DELACROIX (Eugène)

66. Lionne déchirant la poitrine d'un arabe (25). Belle épreuve.

67. Jeune Tigre jouant avec sa Mère (91). Belle épreuve.

68. Lion dévorant un cheval (126 — 4ᵉ état sur 5). Belle épreuve sur chine.

69. *Hamlet, Treize Sujets*. Paris, Gihaut, s. d. (1843), (103-118). Suite complète des 13 pl. du 1ᵉʳ tirage, couv. de publ. Belles épreuves, à toutes marges.

DENIS (Maurice)

70. La Nymphe à la couronne de pâquerettes. Très belle épreuve. *imp. en couleurs, signée*.

DESBOUTIN (M.)

71. Famille Desboutin — Le Repos de Bébé — Mˡˡᵉ Mou mou — J. Jacquemart — Em. Zola — Anonyme. Huit pièces. Belles épreuves.

DIDIER (A.) — JACQUET (A.)

72. Les Grâces, d'apr. Raphaël, 3 états — Le Christ en Croix, d'apr. Mantégna. Quatre pièces. Très belles épreuves.

DIVERS

73. Les Chats, par Manet (la lettre grattée) — Un Parc, par Héran — Sujets divers par Lhermitte, Héran, Jeanniot. Cinq pièces. Belles épreuves (2 *imp. en couleurs*).

74. Une Tour, pastel — Vue, par Ch. Huard — Chanson de Femme, par Steinlen — Paysage, dessin à la plume — Etude de deux personnages, par

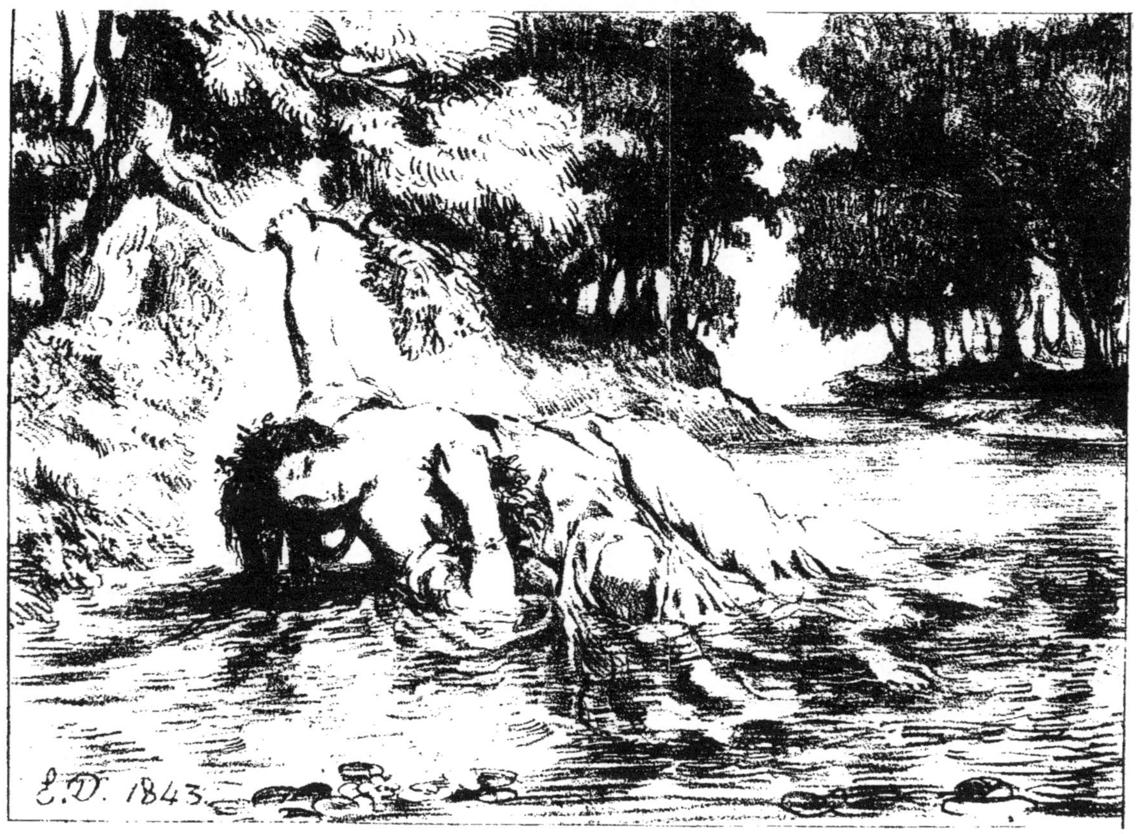

N° 101 du Catalogue.

Luce, crayon noir — The Great Western Ry, par
Rodo, aquarelle. Six pièces, *encadrées*.

74 *bis*. Au Bar, dessin de Rouveyre — Manet, par H.
Guérard — Photographie — Tête de Femme,
par Rops, etc.

75. Sujets divers et Paysages. Quatorze pièces par
Boissieu, Buhot, H. Guérard, Sunyer, J. Beltrand,
P. Colin, etc. (*3 imp. en couleurs*).

76. Affiches, estampes décoratives, sujets divers —
Les Douze mois, dernière œuvre de Gavarni —
Bourgeois de Calais, d'apr. Rodin — Raffet, par
Beraldi, etc. Trente-neuf pièces.

77. Sous ce n°, il sera vendu environ 100 pl. diverses.

EAUX-FORTES MODERNES

78. Sujets divers et Paysages, 20 pl. par Bastien-Lepage,
P. Renouard, Boilvin, L. Lhermitte, etc., plusieurs
avant la lettre.

EVERSHED (A.)

79. Paysages. Dix-huit pièces, y compris quelques
doubles. Belles épreuves, la plupart sur japon.

FANTIN-LATOUR (H.)

80. Scène première du Rheingold, 1876 (8). Très belle
épreuve sur chine. Encadrée.

81. Tannhauser. Vénusberg (9). Très belle épreuve
sur chine, *signée*. Encadrée.

82. Rinaldo, 2e pl. (19). Très belle épreuve sur chine,
signée. Encadrée.

83. Sara la Baigneuse, 1re pl. (44). Belle et très rare
épreuve du 1er état, *signée*.

84. La Lithographie (75) — Inspiration, 2e pl. (121).
Deux pièces. Belles épreuves.

85. Les Brodeuses, 2ᵉ pl. (123). Très belle épreuve sur chine.

86. Vénus et l'Amour, 2ᵉ pl. (124). Deux belles épreuves.

87. Baigneuses, moyenne pl. (125). Très belle épreuve sur chine.

88. Ondine (129). Belle épreuve sur chine.

89. Vénus et l'Amour, grande pl. (131). Deux très belles épreuves, une *signée*.

90. A Berlioz, grande pl. (132). Deux très belles épreuves sur japon ou sur chine.

91. Etude de Femme assise, vue de dos (133). Deux belles épreuves sur chine et japon.

92. La Lecture (136). Belle épreuve du 1ᵉʳ état.

93. Baigneuses, 4ᵉ grande pl. (138). Très belle épreuve sur chine.

94. La Source dans les bois (139). Deux belles épreuves sur chine.

95. Danses (140). Très belle épreuve sur chine.

96. Evocation de Kundry, 4ᵉ pl. (142). Très belle sur chine.

97. Les Brodeuses, 3ᵉ pl. (143). Très belle épreuve sur japon.

98. Prélude de Lohengrin, 3ᵉ pl. (146). Deux belles épreuves sur chine.

99. Baigneuses, 2ᵉ moyenne pl. (149). Belle épreuve sur chine.

100. Maléfice (151). Deux états différents, un *en épreuve d'essai*.

101. Baigneuse debout (152) — Etude de Femme nue debout (155). Deux pièces. Belles épreuves.

102. A Johannes Brahms, grande pl. (153). Belle épreuve sur chine.

103. La même estampe.

104. Ariane (154). Très belle épreuve sur japon pelure.

105. La même estampe. Belle épreuve sur chine.

106. Vérité, petite pl. (156) — Roméo et Juliette : Confidence à la nuit (176). Deux pièces. Belles épreuves.

107. Rêverie (159) — A Rossini (160). Deux pièces. Très belles épreuves sur chine, une *signée*.

108. Centenaire H. Berlioz (175). Très belle épreuve sur japon — Duo des Troyens, 7e pl. (177). Deux pièces.

109. Etude de Femme assise, de dos (133) — Le Paradis et la Péri, début (157) — Duo de Troyens, 7e pl. (177). Trois pièces (une restaurée).

FLAMENG (L.)

110. Jésus guérissant les Malades, d'après l'estampe de Rembrandt. Deux épreuves, une *avant la lettre*, sur japon — La Ronde de nuit. Trois pièces.

FORAIN (J. L.)

111. Le Gommeux au bouquet. Très belle épreuve sur japon.

112. Au Café — Au Café Concert. Deux pièces. Très belles épreuves sur japon.

113. Ouvreuse — La Loge. Deux pièces. Très belles épreuves, *signées*.

GAILLARD (C. F.)

114. La Vierge au Donateur, d'apr. J. Bellin (16). Très belle et très rare épreuve avant toute lettre, le nom de l'artiste à la pointe (cassure en marge).

115. La même estampe. Très belle épreuve avant la lettre, avec les noms du peintre et du graveur à la pointe.

116. Œdipe, d'apr. Ingres (24). Très belle épreuve, *avant la lettre, les noms à la pointe.*

117. L'Homme à l'œillet, d'apr. Van Eyck (25). Deux très belles épreuves, *avant le titre*, sur chine.

118. La même estampe.

119. Le Crépuscule, d'apr. Michel-Ange (32). Cinq épreuves, deux *avant la lettre.*

120. Tête de Cire du Musée de Lille (36). Dix très belles épreuves *avant la lettre*, sur chine.

121. Pie (Mgr) (40). Trois belles épreuves. *avant la lettre*, sur chine.

122. Sujets religieux — Portraits. Dix-huit pièces.

GAUGAIN (Paul)

123. *Te Po*. Belle épreuve, *imp. en couleurs.*

124. *Navenave fenlia*. Très belle épreuve sur japon, tirée en bistre.

125. Maruru. Belle épreuve sur japon, tirée en plusieurs tons.

126. La même estampe. Trois épreuves en noir.

127. L'Univers est créé. Belle épreuve tirée en sanguine.

128. Manao tapapau. Trois belles épreuves tirées en divers tons.

129. Deux Femmes, l'une à cheval. Sept belles épreuves.

130. Bas-relief. Belle épreuve sur chine.

131. Sujets divers. Neuf gravures sur bois. Très belles épreuves sur japon pelure. *Seront vendues séparément.*

132. La Marchande de figues, eau-forte, 2 épreuves —
Mahna — Bas-relief, bois. Quatre pièces. Belles
épreuves.

GAUJEAN (Eugène)

133. Sujets religieux et Portraits. Seize pièces, d'apr.
Boticelli, Breughel, L. de Vinci, Terburg, David,
Opie, etc. Très belles épreuves, *avant la lettre*,
sur hollande, parchemin ou japon.

134. Sujets religieux et Portraits. Soixante pièces, y
compris un grand nombre de doubles. Très belles
épreuves, *avant la lettre* ou *d'état*.

HADEN (F. Seymour)

135. Thames Ditton, 3 épreuves — Fulham. Quatre
pièces. Belles épreuves.

HELLEU (Paul)

136. L'Aiguille — Liseuse. Deux pièces. Belles épreuves.

HERVIER (Adolphe)

137. 6 *Eaux-Fortes Par Hervier*, *1875*. Six pl. dans la
couv. de publ. Belles épreuves.

HUARD (Charles)

138. Vues — Entrées des ports — Scène de marché.
Vingt-et-une eaux-fortes, *signées. Ce n° sera
divisé.*

ISABEY (J. B.)

139. Voyage en Italie, *1822*, couvert., table et 20 pl.
(sur 30).

JACQUE (Ch.)

140. Scènes rustiques et Paysages. Douze pièces. Belles épreuves sur chine.

JACQUEMART (Jules)

141. Sujets divers, Portraits, Objets d'art. Soixante-quatorze pièces (y compris des doubles), en majorité *avant la lettre*. Belles épreuves.

KLINGER (Max)

142. DRANEM — Berlin, O. Felsing, 1883 — 1 alb. in-fol. cart. d'édit. Exemplaire n° 6.

LAUTREC (H. de Toulouse)

143. Femme au chien. Très belle épreuve. Rare.

144. Lavallière — Cassive. Deux pièces. Très belles épreuves.

145. Coquelin — Polin. Deux pièces. Très belles épreuves.

146. Lender. Très belle épreuve.

147. Granier. Très belle épreuve.

148. Au Moulin Rouge (Germinal). Très belle épreuve, sur japon, *timbrée*.

149. Portrait de Jean Lorrain. Très belle épreuve sur chine.

150. Lender. Très belle épreuve, *imp. en couleurs, timbrée* et *numérotée*.

151. En Cabinet particulier, 1896. Très belle épreuve, *signée*.

152. Yhane — Programme du Théâtre Libre, av.' l. l. Deux pièces, la seconde *tirée en 3 tons* et *signée*.

153. AFFICHES : Salon des Cent — Elles, couverture — Le Tocsin — Confetti — Les vieilles histoires — The Chap Book — L'Artisan moderne — La Vache enragée — L'Aube — Au pied de l'Echafaud. Dix pièces. Belles épreuves, *une avant la lettre*.

LEGRAND (Louis)

154. La Femme au vaporisateur. Très belle épreuve, *imp. en couleurs, numérotée*.

LEGROS (Alph.)

155. Les Faiseurs de fagots (182). Belle épreuve.

156. Le Vagabond — Paysage au bucheron — Masque. Trois pièces. Belles épreuves.

LEGROS, LEYS, ISRAËLS, etc.

157. Sujets divers, 17 pl. la plupart *avant la lettre*.

LEPÈRE (Auguste)

158. Dans le ruisseau, à Montmartre (10). Très belle épreuve sur japon.

159. La Lecture (13). Très belle épreuve.

160. La Rue de la Montagne Sᵗᵉ Geneviève (146). Très belle épreuve sur japon pelure, *timbrée*.

161. La Seine au pont d'Austerlitz (147). Très belle épreuve sur japon pelure, *timbrée*.

LIEBERMANN (Max)

162. La Liseuse. Très belle épreuve sur japon. *Signée et numérotée*.

LUCE

163. Vue de ma fenêtre — Le Mur de la rue Cortot — Le Cellier — Intérieur — Couillet. Cinq pièces. Très belles épreuves, *signées*.

164. Rouen, 7 pl. (y compris trois doubles). Très belles
épreuves, *signées*.

165. Intérieur — Bords de la Sambre, Charleroi — Le
Cellier. — Montigny, près Charleroi — Musiciens.
Cinq pièces. Très belles épreuves, *signées*.

166. Etudes de Figures. Dix pièces. Très belles épreuves,
signées.

167. Vues et Scènes diverses. Onze pièces, *signées*
(sauf 4).

MANET (Ed.)

168. Exécution de l'Empereur Maximilien (79). Très
belle épreuve. Encadrée.

169. Guerre civile (81). Très belle épreuve. Encadrée.

170. Les Courses (85). Très belle épreuve. Encadrée.

MATHEY (Paul)

171. Eugène Rodrigues — Planche de croquis. Deux
pièces. Très belles épreuves, *numérotées*.

MAURIN (Charles)

172. *Nouvelle Education Sentimentale*. Suite complète
de 12 pl. tirées en 2 tons. timbrées. On y a joint
3 pl. Scènes d'enfants.

MEISSONIER (Ernest)

173. Le Sergent rapporteur (14). Sept belles épreuves,
une *avant* le nom de l'imprimeur.

MERYON (Ch.)

174. La Tour de l'Horloge (L. D. 28) — La Pompe Notre-
Dame (31). Deux pièces. Belles épreuves. Encadrées.

175. Le Pont-au-Change vers 1784, d'apr. Nicolle (47).
    Très belle et rare épreuve du 3ᵉ état, *avant la
    lettre*.

MONET (d'après Claude)

176. *20 Lithographies*, par G. W. Thornley (Tirage à
    25 Exempl.). Suite complète, cart. de publ. Très
    belles épreuves *signées des artistes* et tirées en
    divers tons.

MORISOT (Berthe)

177. Le Croquis. Pointe sèche. Très belle épreuve.

OSTERLIND (A.)

178. Danseuses espagnoles. Très belle épreuve, *tirée
    en 2 tons. signée* (nᵒ 18).

PISSARRO (C.)

179. Gardeuse d'Oies. Lithographie. Très belle
    épreuve, *signée* (nᵒ 5), et épreuve partielle.

RAFFAELLI (J. F.)

180. La Route aux grands arbres. Belle épreuve d'état,
    signée.

181. Les Œillets, éventail — La Seine, à Asnières. Deux
    pièces en épreuves *d'état, signées*, la 1ʳᵉ *imp.
    en couleurs*.

REDON (Odilon)

182. Prêlat — Le petit Prêlat. Deux pièces. Très belles
    épreuves, *signées*.

183. Bataille — Les deux cavaliers — Combat de deux
    cavaliers. Trois eaux-fortes rares. Très belles
    épreuves, *signées* (sauf une).

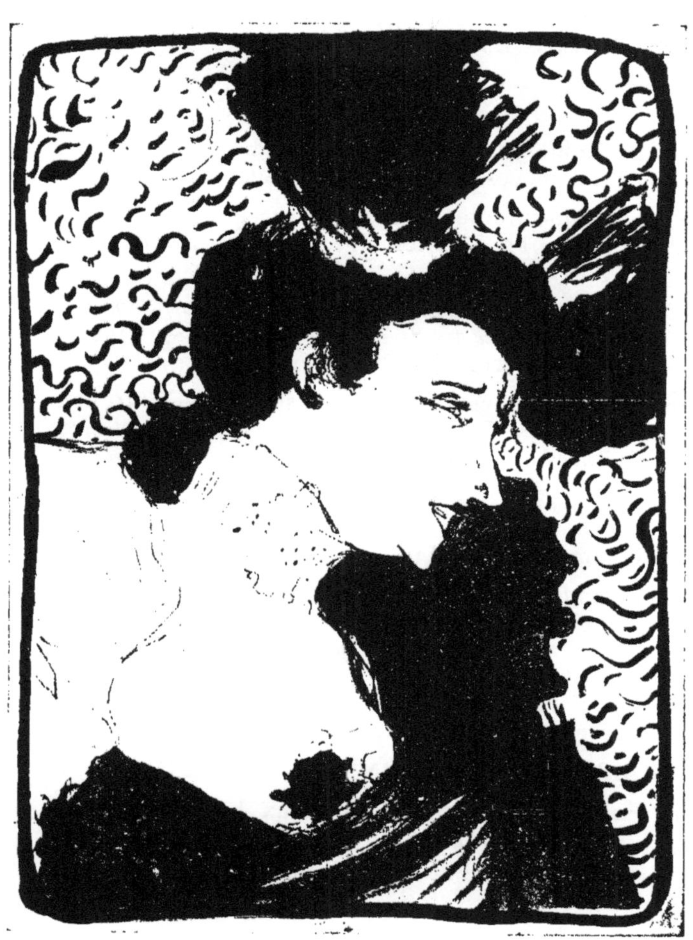

N° 150 du Catalogue.

184. Brunnhilde. Très belle épreuve sur chine, *avec dédicace*. Encadrée.

185. Lumière — Composition mystique. Deux pièces. Très belles épreuves sur chine.

186. La Sainte et le Chardon — Druidesse — Hantise. Trois pièces. Belles épreuves sur chine.

187. Serpent-auréole — Arbre — (La Pensée?). Trois pièces. Très belles épreuves sur chine, deux *signées*.

188. Figure allégorique, épr. sur japon, *imp. en couleurs, signée* (n° 8) — Le Coursier — Figure. Quatre pièces. Très belles épreuves.

189. Allégories mystiques — Des Esseintes — Entretien mystique. Cinq pièces. Belles épreuves (deux *signées*).

RENOIR (Auguste)

190. Femme en buste. Lith., in-fol. Très belle épreuve.

191. Femme nue couchée. Belle épreuve.

RODIN (Aug.)

192. Deux Femmes (Fac-similé Clot). Très belle épreuve, *tirée en 2 tons, numérotée*.

ROBBE (M.) — VILLON (J.). — GUIGUET (F.)

193. Femme nue couchée — Deux Femmes assises sur un divan — Joueuse de guitare. Trois pièces, une imp. en couleurs, une autre en 2 tons, *signées*.

ROPS (Félicien)

194. La petite Femme à la fourrure, assise (45). Très belle épreuve, sur japon, *signée*.

195. La Bucheronne (67). Très belle épreuve, *avec les croquis, signée*.

196. William Lesly (72). Très belle épreuve.

197. La Dame au carcel (85). Très belle épreuve, *signée*.

198. La Vieille à l'aiguille (100). Belle épreuve sur japon, *signée*.

199. Garçon brasseur bruxellois (104). Très belle épreuve sur japon, *signée*.

200. La Grêve, petite pl. (121). Belle épreuve, *signée*.

201. Printemps (170), épreuve sur japon, *signée*. Encadrée.

202. Bourgeoisie (181). Très belle épreuve sur papier ancien, *signée*.

203. Les Sataniques : L'Enlèvement (224). Très belle épreuve, *signée*.

204. Impudence (243). Très belle épreuve, *signée*.

205. La Jolie fille en chemise, menu (296). Très belle épreuve, *avant que le cuivre n'ait été coupé*, *signée*.

206. Les Diaboliques, de Barbey d'Aurévilly (339-346). Suite de 8 planches sur japon, *signées* (sauf une). plusieurs en épreuves d'état.

207. Frontispice pour Alfred de Musset (425). Très belle et très rare épreuve du 1ᵉʳ état, *signée*.

208. L'Amour à travers les Ages. Belle épreuve, *signée*.

209. Vénus milita. Très belle épreuve, *signée*.

210. La Feuille de vigne. Très belle épreuve d'état, sur japon.

211. Holocauste. Belle épreuve sur japon, *signée*.

212. Petite Sorcière (79) — La Vieille aux Fleurs de lys (135) — Femme à la toque écossaise (23). Trois pièces. Belles épreuves.

213. La Foire aux Amours, petite pl. — La Femme à la tête de mort. Deux pièces tirées sur la même feuille. Belles épreuves. Collection Gouzien.

214. Frontispices pour le *Roman d'une nuit, Sphères de la Lune, le Grand et le Petit Trottoir, Masques parisiens*, etc. Huit pièces.

215. Folies-Bergère — L'Amante du Christ — La Messe de Gnide. Trois pièces. Belles épreuves, *signées*.

216. Sujets divers. Cinq pièces.

216 *bis*. Sujets divers. Six pièces.

216 *ter*. Sujets divers. Six pièces.

217. Sujets divers. Sept pièces par et d'après F. Rops. Belles épreuves.

RYSSELBERGHE — TOOROP — VALLOTTON, etc.

218. Sujets divers et Paysages. Huit pièces, par Rysselberghe, Toorop, Vallotton, Stremel, G. Minne, A. Muller, P. Behrens. Belles épreuves, plusieurs *en couleurs* (Germinal).

STEINLEN (T. A.)

219. Misère. Très belle épreuve, *signée* et *numérotée*.

220. Chansons de Femmes. Suite complète de 15 pl. sur chine, avec la table, couv. de publ. (Exempl. n° 6).

VAN GOGH (Vincent)

221. Paysage (fac-similé par Weiss). Très belle épreuve, *imp. en couleurs, numérotée*.

WHISTLER (J. M. N.)

222. La Tasse de thé. Très belle épreuve sur japon. Encadrée.

223. Fany Leyland. Belle épreuve. Encadrée.

ZULOAGA (J.)

224. Manolas. Très belle épreuve sur japon, *signée*.

DESSINS

BAUDRY (Paul)

225. Feuille d'études (têtes, mains, pieds, etc.) Mine de plomb et crayon noir. Encadré.

BOILLY (L.)

226. La Partie de cartes. A l'encre de chine. Signé (taché).

CRANE (Walter)

227. Vénus renascens, 1877. A la plume, Signé et daté.

DELACROIX (Eugène)

228. Hamlet et le fossoyeur. A la mine de plomb.

DETHOMAS (Maxime)

229. Femme nue. Au fusain. Signé des initiales.

DIVERS

230. Sous ce n°, il sera vendu 10 dessins par P. Renouard, E. Lévy, etc. Sous verres.

DUBUFE (G.)

231. La Musique sacrée, 1878. A la plume. *Signé*.

GAUGAIN (P.)

232. "Mon portrait" et têtes d'études. Encre de chine et aquarelle. Encadré.

HAYNON (P.) — GIRIEUD — LOUIS-PAUL

233. Le Saltimbanque — Etude de femme — Arabe.
Trois dessins, *signés*.

HENNER (J. J.)

234. Le Christ au tombeau. Au crayon noir. Encadré.

HUARD (Charles)

235. Type de chemineau. — L'Homme au soleil. Deux
dessins au crayon noir, rehauts. Signés.

LARSSON (Carl)

236. Le Paysagiste. Fusain. Signé des initiales.

LUCE

237. Coins de Paris. Quatre petites études peintes, sous
le même cadre.

MAILLOL (G.)

238. Femme vue de dos. A la sanguine. Encadré.

239. Etudes diverses. Quinze aquarelles, encadrées. Ce
n° sera divisé.

MARTIN (Henri)

240. Etude d'Homme. pour le plafond "L'Aurore" à
l'Hôtel-de-Ville de Tours. Au crayon noir. Signé.
Encadré.

MATOUT (L.)

241. Le Baiser. Au crayon noir, légers rehauts. Signé.
Encadré.

PISSARRO (Camille)

242. Lever de lune. — Gisors, rue des Arsillières. Deux croquis. Au crayon noir.

243. Etude de vaches. Pastel.

PUVIS DE CHAVANNES (P.)

244. Composition décorative. Au crayon noir, sur papier calque. *Signé*.

RENOIR (Auguste)

245. Portrait de Riesener. Au crayon noir, sur papier Gillot. *Signé*. Encadré.

RENOUARD (Paul)

246. Le Père Picard, maître-charpentier de l'Opéra. A la plume.

RIXENS (A.)

247. Tête de Femme. A la plume. Signé.

ROLL

248. Silène et les Bacchantes. Plume et crayon. *Signé*.

SÉON (A. L.)

249. La Pêche — La Chasse. Deux dessins à la plume. *Signés*.

VALTAT (L.)

250. Les Laveuses. — La Vieille Tour. Deux aquarelles. Encadrées.

VON DONGEN

251. Esthètes. Crayon noir, rehauts. *Signé.*

252. Au Théâtre. Crayon noir, rehauts d'aquarelle. *Signé.*

253. Chanteur des rues. Crayon noir, rehauts. *Signé.*

254. Une Femme. Crayon noir, rehauts. *Signé.*

WILLETTE (Adolphe)

255. Les Livres: Plume et crayon bleu. *Signé.*

256. Sous ce numéro, il sera vendu par lots, environ 2,000 estampes et dessins modernes.

IMPRIMERIE FRAZIER-SOYE
153-157, RUE MONTMARTRE
PARIS